T0016725

Be Honest and Tell the Truth

Ser honestos y decir la verdad

Cheri J. Meiners, M.Ed.

Ilustrado por Meredith Johnson
Traducido por HIT Bilingual Publishing

free spirit
PUBLISHING®

Library of Congress Cataloging-in-Publication Data
This book has been filed with the Library of Congress.
LCCN: 2022033417
ISBN: 978-1-63198-822-6

Edited by Marjorie Lisovskis
Cover and interior design by Marieka Heinlen
Illustrated by Meredith Johnson

Free Spirit Publishing
An imprint of Teacher Created Materials
9850 51st Avenue, Suite 100
Minneapolis, MN 55442
(612) 338-2068
help4kids@freespirit.com
freespirit.com

FSC
www.fsc.org
MIX
Paper from
responsible sources
FSC® C144853

Dedication

To Andrea, Julia, Daniel, James, Erika,
Kara, Luke, and especially David, for
your lives of integrity.

Dedicatoria

Para Andrea, Julia, Daniel, James, Erika,
Kara, Luke y, en especial, para David,
por vivir con integridad.

I'm learning to tell the difference between what is true and what isn't.

Estoy aprendiendo a reconocer las diferencias entre lo que es verdad y lo que no es cierto.

2

I may have an idea
that something is true

Muchas veces sé que
algo es verdad

or that it's the right thing to do.

o que es la forma correcta de actuar.

When I'm honest, I act the way I feel is right and true.

I can feel good about my choices.

Cuando soy honesta, hago lo que me parece verdadero y correcto.

Me siento bien con lo que decido.

I'm treating someone the way
I want to be treated.

Trato a todos tal como me gusta
que me traten a mí.

I can be honest with my words.

I can decide to always tell the truth.

I can look a person in the eye
and politely say what I know.

Puedo ser honesta al hablar.

Puedo elegir decir siempre la verdad.

Puedo mirar a la otra persona a los ojos
y decir lo que sé con buenos modales.

I can find something nice to say.
I can decide how much to say and when to say it.

Puedo pensar algo amable para decir.
Puedo decidir cuánto decir y cuándo decirlo.

I can think about how the other person might feel.

Pienso cómo se sentirá la otra persona.

Some things are private or meant to be a surprise.

Hay cosas que son privadas o que son una sorpresa.

I show respect for a person
when I keep these things to myself.

*Por respeto a la persona, esas cosas
no se las cuento a nadie.*

I can talk to a grown-up I trust
whenever I need help

Puedo hablar con un adulto de confianza
si necesito ayuda

or I'm not sure what to do.

o si no sé bien qué hacer.

If I joke or pretend with someone,

Si hago una broma o no hablo en serio,

I can let the person know I'm just playing.
And I can stop joking if it isn't fun for everyone.

le aviso a la otra persona que es un juego.
Y dejo de bromear si no es divertido para todos.

I can have courage and tell the truth
when I make a mistake.

Puedo ser valiente y decir la verdad
si me equivoqué.

I won't blame someone else.

No le echo la culpa a otro.

I might find a way to fix my mistake

Busco cómo corregir el error

and make things better.

y mejorar las cosas.

I can do my own work.
I can be honest even when no one else knows or sees.

Mis tareas las hago yo sola.
Siempre soy honesta aunque nadie lo sepa ni lo vea.

I can keep my promises.

When I do what I say I will,
I can make my words come true.

Cumplo mis promesas.

Cuando hago lo que prometí, cumplo y mis
palabras se hacen realidad.

People can depend on me.

Así los demás pueden confiar en mí.

I can show respect for people
and their things.

Muestro respeto por los demás
y por sus cosas.

I won't touch something that isn't mine unless I get permission.

Trato de no tocar nada que no sea mío sin permiso.

If I find something that doesn't belong to me,
I can try to return it.

Si encuentro algo que no es mío, trato de devolverlo.

Being honest is worth more to me than having something that's not really mine.

Ser honesta es más valioso para mí que guardarme algo que no es mío.

I want to treat people fairly

Quiero ser justa con los demás

so that they can believe me and trust me.

para que puedan creer y confiar en mí.

When I'm honest and tell the truth,
I feel good about myself.

Cuando soy honesta y digo la verdad,
me siento bien.

I'm trying to be the best that I can be.

Siempre trato de dar lo mejor de mí.

Ways to Reinforce the Ideas in
Be Honest and Tell the Truth

Be Honest and Tell the Truth teaches children about telling the truth and acting honestly even when tempted to be deceptive in order to avoid consequences. Honesty requires respect for oneself and others, personal responsibility, and fairness to others. As they practice living honestly, children may develop character traits of courage, dependability, and unselfishness. Here are terms you may want to discuss:

courage: bravery; when you show courage, you do something you believe is right, even if it is hard or you feel afraid

depend: to trust or count on; if people can depend on you, they trust that you'll do what you say

honest: truthful and fair

promise: to say that you will do something and really mean it; when you keep a promise, you do what you said you would do

respect: true politeness toward others; when you show respect to people, you show that you think they are important

As you read each page spread, ask children:

- What's happening in this picture?

Here are additional questions you might discuss:

Pages 1–5

- *(point to page 1)* Do you think the story the teacher is reading is about something that's *real* or *not real?* Could it really happen? How do you know?

- Think of a time you told someone the truth or did the right thing. What happened? How did you feel?

- How do you feel when people are honest with you? How do you think other people feel when you are honest?

Pages 6–15

- Why is it important to tell the truth? What can happen when people lie? *(They may start telling more and more lies; other people might stop believing or trusting them.)*

- Can you think of a time when it would be better *not* to say everything you think or know? *(when it might embarrass the other person; when it is something private that someone else doesn't want to share)*

- Do you think you should keep a secret that someone tells you? Why or why not? *(You may want to address when it is and is not safe to keep a secret.)*

- When is a time that you should tell an adult you trust about a problem even if the person says not to tell? *(If you feel uncomfortable, if something isn't safe, if you think someone may get hurt; it may be helpful to discuss the difference between tattling to get someone in trouble or to get attention and telling an adult so no one is hurt and everyone stays safe.)*

Pages 16–25

- How is it honest to do your own work?

- Think of a time you did something you said you would. How did you feel? How did the other person feel?

- Why is it important to be honest even when no one else knows? What person always knows when you are honest?

- Have you ever made a mistake and told the truth about it? How did that feel?

- What is a way that you can respect other people's things?

Pages 26–31

- *(Point to page 26.)* What do you think the girl plans to do with the money? What would *you* do?

- Think of a person you know who is honest. How do you feel around that person? How would you like people to feel when they are around *you?*

Fostering Honest Behavior

Your response to children's behavior can influence and shape it. Here are some tips that may be helpful:

- **Teach the expected behavior.** It is typical for young children to confuse reality and fantasy; their exaggerations may reflect their true perception of a situation. Gaining a sense of what is true or morally right takes time and experience. Teach appropriate behavior on a regular basis, and ask questions to see if the child understands the expected behavior.

- **Set consequences.** At a quiet time, discuss the consequences that will happen as a result of lying or cheating, such as the temporary loss of a privilege.

- **Speak calmly.** When there are breaches of honesty, talk about the problem calmly. Let the child know that you are aware of the true situation. Don't question, accuse, or moralize at that moment about the importance of honesty. These responses lead to defensiveness, strain the relationship, and make it more difficult for the child to be honest with you. Be matter-of-fact in following through with consequences.

- **Give meaningful praise.** Model appropriate behavior, and notice and acknowledge the examples of honesty that you observe in the child. If a child admits a mistake, praise the child for telling the truth about what happened. You can also praise other children who behave appropriately so that the child can observe and anticipate this kind of positive reinforcement. Positive attention helps children learn to trust you and the safe environment you create and allows room for children to grow and become trustworthy.

Honesty Games

Read this book often with your child or group of children. Once children are familiar with the book, refer to it when teachable moments arise involving both positive behavior and problems related to being honest. Notice and comment when children show that they understand what is true or honest and when they speak or act honestly. In addition, use the following activities to reinforce children's understanding of why and how to be honest.

Honesty Partner Role Plays

Preparation: Write a number 1 on two different index cards. Continue numbering in this way (1, 1; 2, 2; 3, 3; and so forth) until you have as many cards as there are children in your group. Put the cards in a bag. On other index cards, write individual scenarios similar to the following. Place the cards in a separate bag.

Sample Scenarios:
- Han wants to play with his brother Li's favorite toy. Li isn't home.
- Tessa ate a cookie after her mom said not to. Mom asks Tessa if she ate a cookie.
- Trish doesn't know an answer on a test. She thinks maybe the person next to her knows it.
- Cody tells his friend Gus a secret and asks Gus not to tell anyone.
- Cami didn't do her homework. Her teacher asks where it is.

Have children form pairs by drawing a number card and finding the person with the same number. Help each pair of children draw a scenario card and read it aloud. Ask, "What would be an honest thing to do?" Have children work together to decide on an honest ending. Have or help the children role-play the scenario.

"Hooked" on Honesty

Materials: Colored construction paper, scissors, pen or marker, paper clips, stick 3'–5' long, string, strong magnet

Cut out several fish shapes from construction paper. Write a scenario on each fish and attach a paper clip. (Use the scenarios above or make up your own.) Tie the string to the stick; attach a magnet to the string end. Have children "fish" for a scenario and then respond to the question, "What would be an honest thing to do?"

"Treasure" Honesty

Preparation: Have one child (or a small group of children) leave the room while other children remain with you. Hide a box containing a small item or treat for each child, such as a sticker, pencil, or balloon.

Directions: Bring everyone back together and have the returning child or children ask the children who remained in the room questions about where the "treasure" is hidden. (Examples: "Is it underneath something?" "What color is the thing it's underneath?") Tell the children to respond honestly. When the treasure is found, everyone gets to share it. Discuss the fact that we trust others when they are honest and that being trustworthy benefits everyone. Rotate the child or group who looks for the treasure when you play again.

Variations: Instead of placing treats or objects in the box, write a brief note for each child about something honest or admirable you've noticed. Fold and label each note with the child's name. Or write a single group privilege on an index card and place it inside the box; this might be an activity such as extra time at a favorite learning center, a nature walk, or an art project.

Telling the Truth—Who "Nose"?

Materials: Craft knife, white paper plate for each child, colored construction paper cut in 8" x 3" strips, tape, glue sticks, scissors, index cards, pen, crayons or markers, yarn, whiteboard and magnets; *optional:* copy of a simple telling of the story "Pinocchio"

Preparation: Using a craft knife, put a 2"–3" vertical slit in the center of each plate. Prepare noses by folding the construction paper strips in half lengthwise, taping or gluing them shut, and rounding off one end with scissors for the tip of the nose. Make word cards labeled "True" and "False." Make several true-false scenario cards by writing true or false statements on index cards. (Examples: "It is snowing outside." "Cows have four legs." "Steven is wearing green.")

Directions: Before beginning the activity, read or talk about the story of Pinocchio, whose nose grew every time he told a lie. Then have or help each child make a Pinocchio face by coloring in eyes and a mouth and gluing on yarn for hair. Show children how to put the nose through the slit. On the back of the plate, help them tape the end piece about 1" from the opening in the plate. When the faces are complete, recall how lying got Pinocchio into trouble. Then have a child draw a true-false scenario card and read the statement. Ask children to move Pinocchio's nose *in* if the statement is true, and *out* if it is false. Put the words "True" and "False" on the whiteboard and allow a child to place the card under the correct heading after it is read. Continue with other scenarios.

Honesty Skits

Preparation: Ask volunteers to tell you a story about a time someone was honest. These can be based in experience or imagination, and can be just a few sentences long. Write down the story in the child's wording. (If you wish, use a tape recorder for the child to dictate the story.) You may want to have on hand a few costumes or props.

Directions: Have children sit with you in a circle on the floor. Explain that they will all have a chance to be actors in skits about honesty. Make sure they understand they will be playing a pretend role. Choose the first story to be enacted and read or have the author read it to the group. (You might also choose to play the recording of the child telling the story.) To choose actors, go around the circle in order. Have the selected children act out the story as you slowly read it again. If the actors wish, they might add in their own dialogue as the story is read. Continue for several stories. Have children return to the same spots in the circle each time until they have all played a part. If you wish, save the written stories in a class or family book where they can be reread and acted out again later with different actors.

Maneras de reforzar las ideas en
Ser honestos y decir la verdad

Ser honestos y decir la verdad enseña a los niños a decir la verdad y a actuar con honestidad incluso cuando estén tentados de engañar a otros para evitar las consecuencias. Ser honesto implica respetarse a sí mismo y a los demás, asumir responsabilidades y ser justo con los demás. Al practicar la honestidad, los niños aprenden a ser valientes, confiables y generosos. Quizá quiera comentar los siguientes términos con ellos:

confiar: contar con alguien; si la gente confía en ti, cree que harás lo que dices

honesto: cuando eres honesto, dices la verdad y eres justo

prometer: decir que harás algo y tener la intención de hacerlo; cuando cumples una promesa, haces lo que dijiste que harías

respeto: amabilidad sincera con los demás; cuando respetas a las personas, les demuestras que piensas que son importantes

valiente: cuando eres valiente, haces lo que crees que es correcto, aunque sea difícil o te dé miedo

Al leer cada página, pregunte:
- ¿Qué está pasando en esta imagen?

Estas son algunas preguntas adicionales que puede hacer:

Páginas 1 a 5
- *(Señale la página 1).* ¿Crees que la historia que está leyendo el maestro trata sobre algo que es real o imaginario? ¿Podría ocurrir en la vida real? ¿Cómo lo sabes?

- Piensa en un momento en el que dijiste la verdad o hiciste lo correcto. ¿Qué pasó? ¿Cómo te sentiste?

- ¿Cómo te sientes cuando la gente es honesta contigo? ¿Cómo crees que se sienten los demás cuando eres honesto?

Páginas 6 a 15
- ¿Por qué es importante decir la verdad? ¿Qué puede suceder cuando alguien miente? *(Quizá esa persona diga cada vez más mentiras; los demás podrían dejar de creerle o dejar de confiar en él o ella).*

- ¿Se te ocurre una situación en la que sería mejor no decir todo lo que piensas o sabes? *(cuando podría avergonzar a alguien; cuando es algo privado que esa persona no quiere que los demás sepan)*

- ¿Crees que deberías guardar un secreto que alguien te cuenta? ¿Por qué? *(Puede mencionar cuándo es seguro guardar un secreto y cuándo no lo es).*

- ¿Cuándo deberías contarle el problema a un adulto de confianza, aunque te hayan pedido que no digas nada? *(Cuando te sientes incómodo, cuando algo no es seguro, cuando crees que alguien podría lastimarse; quizá sea útil mencionar la diferencia entre delatar a alguien para causarle problemas o para llamar la atención y contarle algo a un adulto para que nadie se lastime y todos estén seguros).*

Páginas 16 a 25

- ¿Por qué es honesto que hagas tus tareas tú solo?

- Piensa en una situación en la que hiciste algo que habías prometido hacer. ¿Cómo te sentiste? ¿Cómo se sintió la otra persona?

- ¿Por qué es importante ser honesto aunque nadie lo sepa? ¿Quién se da cuenta siempre cuando eres honesto?

- ¿Alguna vez te equivocaste y lo reconociste? ¿Cómo te sentiste?

- ¿De qué manera muestras que respetas las cosas de los demás?

Páginas 26 a 31

- *(Señale la página 26).* ¿Qué crees que quiere hacer la niña con el dinero? ¿Qué harías tú?

- Piensa en alguien que conoces y que es honesto. ¿Cómo te sientes cuando estás con esa persona? ¿Cómo te gustaría que se sintieran las personas cuando están contigo?

Alentar la honestidad

Sus reacciones a lo que hacen los niños pueden influir en el comportamiento de ellos y modificarlo. Estas son algunas sugerencias que pueden ser útiles:

- **Explique cuál es el comportamiento esperado.** Los niños pequeños suelen confundir la realidad y la fantasía; sus exageraciones pueden reflejar su verdadera percepción de una situación. Adquirir el sentido de lo que es verdadero o moralmente correcto lleva tiempo y requiere experiencia. Explique cuáles son los comportamientos adecuados con regularidad y hágales preguntas a los niños para comprobar si entienden cómo se espera que se comporten.

- **Explique las consecuencias.** En un momento tranquilo, comente las consecuencias de las mentiras o los engaños, como la pérdida temporaria de un privilegio.

- **Hable con calma.** Cuando un niño sea deshonesto, hable del problema con calma. Hágale saber que usted es consciente de la verdadera situación. No cuestione, acuse ni moralice en ese momento sobre la importancia de la honestidad. Esas reacciones provocan actitudes defensivas, crean tensión en la relación y dificultan que el niño sea sincero con usted. Sea firme a la hora de aplicar las consecuencias.

- **Elogie los comportamientos positivos.** Muestre el comportamiento adecuado y resalte y reconozca todo ejemplo de honestidad que observe en el niño. Si un niño admite un error, elógielo por decir la verdad sobre lo ocurrido. También puede elogiar a otros niños que se comporten de forma adecuada para que el niño pueda observar y anticipar este tipo de refuerzo positivo. La atención positiva ayuda a los niños a aprender a confiar en usted y en el entorno seguro que creó, y eso les permitirá crecer y ser confiables.

Juegos sobre la honestidad

Lea este libro con frecuencia a su hijo o a un grupo de niños. Una vez que los niños estén familiarizados con la lectura, téngala en cuenta cuando surjan comportamientos positivos o problemas relacionados con la honestidad de los que se pueda extraer una enseñanza. Resalte y haga comentarios positivos cuando los niños demuestren que han entendido lo que es verdadero u honesto y cuando hablen o actúen con honestidad. Además, use las siguientes actividades para reforzar la comprensión de los niños sobre por qué motivos deben ser honestos y cómo pueden lograrlo.

Juego en parejas para representar la honestidad

Preparación: Escriba el número 1 en dos tarjetas. Siga escribiendo números de esa manera (1, 1; 2, 2; 3, 3; y así sucesivamente) hasta que tenga tantas tarjetas como niños haya en su grupo. Coloque las tarjetas en una bolsa. En otras tarjetas, escriba situaciones como las siguientes. Coloque las tarjetas en otra bolsa.

Ejemplos de situaciones:

- Han quiere jugar con el juguete favorito de su hermano Li. Li no está en casa.
- Teresa se comió una galleta aunque su mamá le dijo que no lo hiciera. La mamá le pregunta si se comió una galleta.
- Trish no sabe una de las respuestas durante un examen. Piensa que tal vez el niño que está a su lado la sepa.
- Cody le cuenta un secreto a su amigo Gus y le pide que no se lo cuente a nadie.
- Cami no hizo la tarea. Su maestra le pregunta dónde está.

Pida a los niños que formen parejas sacando de la bolsa una tarjeta con un número y buscando a la persona que tiene el mismo número. Ayude a cada pareja a sacar de la bolsa una tarjeta de situación y léala en voz alta. Pregunte: "¿Cuál sería una forma honesta de actuar?". Pida a los niños que elijan juntos un final honesto para esa situación. Luego, pídales que representen la situación o ayúdelos a hacerlo.

A la pesca de la honestidad

Materiales: Cartulinas de colores, tijeras, bolígrafo o marcador, clips, palillo de 3' a 5' de largo, cordel, imán fuerte

Recorte peces de cartulina. Escriba una situación en cada pez y sujétele un clip. (Use las situaciones del juego anterior o invente otras). Ate el cordel al palillo y sujete el imán al extremo del cordel. Pida a los niños que "pesquen" una situación y respondan la pregunta: "¿Cuál sería una forma honesta de actuar?".

El tesoro de la honestidad

Preparación: Pida a un niño (o a un grupo pequeño de niños) que salga del salón y quédese con los demás. Esconda una caja que contenga una golosina o un objeto pequeño para cada niño, como una pegatina, un lápiz o un globo.

Instrucciones: Vuelva a reunir al grupo y pida al niño o a los niños que habían salido que les hagan preguntas a los que se quedaron en el salón para averiguar dónde está escondido el "tesoro". (Ejemplos: "¿Está debajo de otra cosa?" o "¿De qué color es lo que tiene arriba?"). Dígales a los niños que respondan con honestidad. Cuando encuentren el tesoro, podrán repartírselo. Converse sobre el hecho de que confiamos en los demás cuando son honestos y que ser confiables beneficia a todos. Vuelvan a jugar con otro niño o grupo que busque el tesoro.

Variaciones: En lugar de colocar golosinas u objetos en la caja, escriba una notita para cada niño sobre algo honesto o admirable que usted haya notado en él o ella. Doble cada nota y escriba en el frente el nombre del niño. O escriba un privilegio grupal en una tarjeta y colóquela dentro de la caja; puede ser una actividad, como pasar más tiempo en el centro de aprendizaje favorito, un paseo por la naturaleza o un proyecto de arte.

¿A quién le crecerá la nariz?

Materiales: Cortador de papeles, un plato de cartón blanco para cada niño, tiras de cartulina de colores de 8" x 3", cinta adhesiva, pegamento en barra, tijeras, tarjetas, bolígrafo, crayones o marcadores, lana, pizarra blanca e imanes; *opcional:* un ejemplar de una versión sencilla del cuento "Pinocho".

Preparación: Haga un corte vertical de 2" a 3" con el cortador de papel en el centro de cada plato. Para preparar las narices, doble las tiras de cartulina por la mitad a lo largo, péguelas con cinta adhesiva o con pegamento y redondee un extremo con las tijeras para recrear la punta de la nariz. Haga tarjetas de palabras con los rótulos "Verdadero" y "Falso". Cree varias tarjetas de situaciones escribiendo oraciones verdaderas o falsas en las tarjetas. (Ejemplos: "Está nevando afuera". "Las vacas tienen cuatro patas". "Steven está vestido de verde".)

Instrucciones: Antes de comenzar la actividad, lea o comente el cuento de Pinocho, a quien le crecía la nariz cada vez que decía una mentira. Luego, pida o ayude a cada niño a hacer la cara de Pinocho pintando los ojos y la boca y pegando lana para simular el pelo. Muestre a los niños cómo pasar la nariz por el corte. En la parte posterior del plato, ayúdelos a pegar el extremo aproximadamente a 1" del corte del plato. Cuando las caras estén listas, recuérdeles a los niños los problemas en los que se metió Pinocho por decir mentiras. A continuación, pida a un niño que elija una tarjeta de situación y lea la oración. Pida a los niños que muevan la nariz de Pinocho hacia dentro si la oración es verdadera y hacia fuera si es falsa. Ponga las palabras "Verdadero" y "Falso" en la pizarra y pida a un niño que coloque la tarjeta bajo el encabezado correcto después de leerla. Continúe con otras situaciones.

Representar la honestidad

Preparación: Pida a voluntarios que le cuenten una historia sobre una situación en la que alguien fue honesto. Pueden basarse en su propia experiencia o usar la imaginación, y unas pocas oraciones bastan. Escriba la historia con las palabras de los niños. (Si lo desea, puede usar una grabadora para que el niño le dicte la historia). Puede tener a mano algunos disfraces o elementos de utilería.

Instrucciones: Pida a los niños que se sienten en ronda con usted en el suelo. Explique que todos tendrán la oportunidad de actuar en escenas sobre la honestidad. Asegúrese de que entiendan que van a representar un papel ficticio. Elija la primera historia que se representará y léala o pídale al autor que se la lea al grupo. (También puede reproducir la grabación del niño contando la historia). Para elegir a los actores, respete el orden de la ronda. Pida a los niños seleccionados que representen la historia mientras usted vuelve a leerla lentamente. Si los actores lo desean, pueden añadir su propio diálogo mientras usted lee. Continúe con las demás historias. Pida a los niños que, cuando terminen, regresen a su lugar en la ronda hasta que todos hayan representado un papel. Si lo desea, guarde las historias escritas en un álbum de la clase o de la familia donde puedan leerlas y volver a representarlas más adelante con diferentes actores.

Acknowledgments

I wish to thank Meredith Johnson, whose charming illustrations resonate so well with the text, and Marieka Heinlen for the exuberant design. I appreciate Judy Galbraith and the entire Free Spirit family for their dedicated support of the series. I am especially grateful to Margie Lisovskis for her diplomatic style as well as her talented editing. I also recognize Mary Jane Weiss, Ph.D., for her expertise and gift in teaching social skills. Lastly, I thank my fantastic family—who are all an inspiration to me.

Agradecimientos

Quisiera agradecer a Meredith Johnson, cuyas encantadoras ilustraciones se combinan muy bien con el texto, y a Marieka Heinlen por el espléndido diseño. Agradezco a Judy Galbraith y a toda la familia de Free Spirit por el dedicado apoyo que le han brindado a la serie. Estoy especialmente agradecida con Margie Lisovskis por su estilo diplomático, así como por su talentosa revisión. También doy gracias a Mary Jane Weiss, Ph.D., por su experiencia y capacidad para enseñar habilidades sociales. Por último, agradezco a mi estupenda familia, que es mi fuente de inspiración.